Bramiconda brama un sueño

Inma Marcos

Bramiconda
brama un sueño

GENI ALOG íAS. 17

I Edición: Ed. Colección Poesía Nueva. Madrid, 1983
II Edición: Colección Genialogías / Ediciones Tigres de Papel,
noviembre de 2024

Diseño de la colección, cubierta e interiores: Cristina Morano
www.morano.info

© Inma Marcos
© Del prólogo, María Alcantarilla
© De la entrevista final, Laura García de Lucas
© De la presente edición: Asociación Genialogías / Ediciones
Tigres de Papel

Asociación Genialogías
C/ del Amparo, 32, 3.° B
28012 Madrid
www.genialogias.com

Ediciones Tigres de Papel
Calle Camino de Orusco, 19, chalé 7
28560 CARABAÑA (Madrid)
www.tigresdepapel.es

ISBN: 978-84-128619-5-2
Depósito legal: M-24264-2024
Impreso en Madrid por Industrias Gráficas Afanias

Prólogo

Un monstruo fabuloso: una niña que habla

Lo incomparable, lo que cuesta clasificar a simple vista, aquello que tiende hacia una libertad germinal o que es capaz de aprehender, sin la necesidad de la siempre obtusa grandilocuencia, la realidad aconteciendo. Eso es Inma Marcos (Cádiz, 1957) y eso es *Bramiconda brama un sueño*, cuya primera edición vio la luz en 1983, tras la concesión del Primer Premio Prometeo de Poesía Nueva para autores inéditos, y que este año reedita, por suerte para todas nosotras, la Asociación Genialogías.

Tener acceso al imaginario de Inma Marcos ha revestido la lectura del don de las primeras veces; como llegar hasta la orilla del océano solo para sentir que ya estaba ahí mucho antes que yo misma y que continuará estando ahí cuando me marche: la epifanía de lo pequeño y de la finitud acompañada, sin embargo, de un profundo sentimiento de pertenencia:

> Ella tartamudea frente al asombro de su sexo
> como si fuera todas las mujeres tartamudas del mundo.
> Amo tus alucinaciones, tus delirios
> tus talones de ave.

Ha llamado y llama mi atención, en su propuesta, ese afán suyo de sondear lo originario desde una visión siempre renunciada, es decir, una visión que ha aprendido a descolonizarse a sí misma y que, por tanto, sería inútil encastrar en ningún tipo de movimiento, generación, de visión paralela (ni semántica ni temporalmente). *No es que pueda vivir*, recuerdo ahora a Faulkner, *es que quiero. Es que yo quiero.* Porque media, en sus palabras, como en la poética de Inma Marcos, la voluntad de Ser atravesada, de asistir a la vida con un afán poliédrico, con el afán de la protagonista que ha asumido la responsabilidad aneja a su papel de reunificadora:

> y somos calurosas a veces como las selvas
> y tenemos metrallas a veces en las manos
> Somos una mezcla de praderas y casas
> y nos hemos reído aún muertas
> haciéndonos cosquillas en el pecho.

Escapa la autora, además, al relamido concepto de *hembra emocional* que suele aplicársele a las voces femeninas, como si ser mujer fuese indefectiblemente de la mano de una afectividad edulcorada o de ciertas visiones teñidas de una bonhomía anímica incapaz de desempolvar las sombras o de arrastrar, si es necesario, a la belleza hasta el lodo:

> Sólo Whitman en los autobuses las ha tranquilizado
> sólo el calor y el mes de marzo
> y el pensamiento obsceno de que pronto los cristales
> se poblarán de moscas brillantes.

En relación directa con lo anterior, cabe valorar, y mucho, cómo ella enfrenta la confesión poética desde nuevos territorios que en nada se parecen a lo que, al menos en esta parte del mundo, en España, se hacía entonces y casi continúa haciéndose en el siglo que nos ocupa, como una suerte de inercia poco revisitada y, desde mi punto de vista, poco poética en todos sus planos (forma y fondo). La autora huye de la afirmación tajante, del presupuesto cerrado, de los asertos dogmáticos o de las tesis absolutas en torno a la identidad y lo que la rodea o la va conformando. Los conceptos de femenino o masculino, en muchas ocasiones, son incapaces de abandonar el propio marco teatral que, en el fondo, los reduce a meras ideas semánticamente empobrecidas. Sin embargo, Inma Marcos salta por encima de este estandarte social y nos enseña, nos deja ver sin pudor los márgenes de su visión emocional con respecto a un Otro que también podría ser ella misma.

cómo habitar otros lugares
cómo no ser inmortales, inaprensibles,
trasnochadoras y pálidas
cómo no multiformes y andróginas

Imaginemos por un momento, de la mano de *Bramiconda*, que la realidad fuese uniforme, que la luz que nos ayuda a generar campos de profundidad desaparreciese. Nos dice la autora:

> Pero a partir de ahora tendremos nombres tristes
> y al llorar emitiremos un sonido como mugido de vaca

¿Cuál sería entonces nuestra representación del mundo? E imaginemos también que los lúmenes ascendieran hasta tales cotas que ya no nos fuese posible distinguir nada, porque el exceso de luz terminaría quemando cualquier capa de realidad visible.

> Ballena tragadora de santos
> a la playa lanzas peces de mil ojos

¿De qué manera podríamos distinguir entonces los perfiles, la forma, el volumen real de cada objeto? El exceso o el defecto son incapaces de generar una perspectiva acabada, donde la rotundidad del modelo que se nos muestra sea suficiente para no recurrir a la tediosa demanda de explicaciones o al naufragio. Y es justo en esta idea, en torno al exceso o al defecto en la manifestación de nuestra intimidad como autoras, donde Inma Marcos fluye de manera genuina. Porque al desgranar ese *yo*, ese autoconcepto, la autora trasciende la confesión descarnada —y, en muchas ocasiones, autocomplaciente—, que ya reconocíamos y seguimos reconociendo en infinitud de propuestas poéticas.

Resuenan en mi cabeza, al leerla, ciertos ecos de un Babel desentrañado que me arroja a otras voces como a la de la cubana Wendy Guerra (1970) y a su *Vértigo sobre el Niágara*:

> Salvan a la niña violenta del peligro gris metal gris
> cruel gris borrón inexplorado
> Quiero conocer el mundo antes de conocer a mis hijos

a la de la venezolana Yolanda Pantin (1954) y a su *Vitral de mujer sola*:

> Las mujeres solas miran el paisaje
> y se diría que son amantes
> de las aceras
> de los entresuelos
> de las alcantarillas
> del
> subsuelo
> de los subterfugios
> las mujeres solas están sobre la tierra como están sobre los árboles

o a la de la argentina Irene Gruss (1950) y a su *Milonga entrecortada para Madame Bovary*:

> No me acusen de extravío
> porque en todo lo soñado
> fui erudita
> y si todo lo vivido fue
> mentira y
> vano
> el cortejo que me gano
> sirvió para ser bendita.

Resuena en mi cabeza cierto recuerdo, y es curioso, de lo que verdaderamente es la poesía, de lo que, me atrevo a decir, ella demanda de nosotras: decisión y coraje. Leemos en Inma Marcos:

> Estoy sola en el bosque
> donde no existen los nombres de las cosas
> Siento miedo de ser solo un sueño
> del rey rojo
> Dormida bordeo la pesadilla
> de quien escribe este cuento
> Soy la paradoja del sueño dentro del sueño
> y del espejo.

Decidir conscientemente es un acto poético porque lleva implícita la rotura, un espacio de luz, iluminado al fin, que nos es propio: «Entonces, nos dice Cixous, cuando lo has perdido todo, no hay más camino, no hay más sentido, no hay más signo fijo, no hay más suelo, no hay más pensamiento que resista otro pensamiento, cuando estás perdida, fuera de ti, y continúas perdiéndote, cuando devienes el movimiento enloquecedor de perderte, entonces es por ahí, desde ahí, donde eres trama despedazada, carne que deja pasar lo extraño, ser sin defensa, sin resistencia, sin barrera, sin piel, completamente abismada de otra, es en esos tiempos jadeantes cuando la escritura te atraviesa, eres recorrida por cantos de pureza inusitada, porque no se dirigen a nadie, brotan, surgen, fuera de la garganta de tus habitantes, desconocidos, son gritos que la vida y la muerte arrojan al combatirse.» La autora nos conduce a un lugar donde nuestra conciencia puede volver a echar raíces. «Dentro del universo hay cosas que son conocidas y hay cosas que son desconocidas. En el medio de esas cosas hay puertas», escribía Blake. Hoy creo que, en ocasiones, todas esas puertas se abren a un mismo tiempo. Y es ahí donde Inma Marcos amanece: «alguien ha desobedecido», nos recuerda, «para ser sabia».

María Alcantarilla

Bramiconda brama un sueño

Nuestra casa está oculta bajo los manzanos

I

A veces tenemos la lentitud de las hormigas
y somos una mezcla de minerales y plantas
A veces como la lluvia corremos por el borde
                              [de las aceras
o hacemos equilibrios en un solo pie en nuestras
                                      [ventanas
Señales de nosotras mismas
En las manos viven invisibles pueblos de recolectoras
y a veces como pelícanos nuestro buche está lleno
                              [de peces y de algas
o como cigüeñas incubamos en las torres
                                  [de las iglesias
Tristes algunas veces como animales siempre dentro
                                      [de las casas
De madrugada engendramos minotauros y sátiros
y a veces cuando amanece nuestros amantes están
                              [muertos a nuestro lado
y a nosotras nos ha crecido el pelo
A veces somos una mezcla de buen tiempo y arañas
que cuelgan encima de nuestras camas
o de caracoles prendidos en las lámparas

Nuestra casa está llena de pequeños animales
                              [que la cuidan
cuando nosotras no estamos
y somos calurosas a veces como las selvas
y tenemos metralletas a veces en las manos
Somos una mezcla de praderas y casas
y nos hemos reído aun muertas
haciéndonos cosquillas en el pecho

II

Los cuartos de nuestros amigos nos han parecido
                              [celdas de monjes
Sólo de noche les hemos silbado a los balcones
y con el pecho desnudo nos hemos paseado
                              [por sus casas
y nos hemos asomado a sus ventanas con corazones
                              [de gatas
Sólo de noche hemos registrado sus armarios
nos hemos probado su ropa y su sonrisa
Hemos vigilado todas las entradas de la casa
Sólo de noche hemos dejado consignas y citas
                              [en sus sábanas
y somos del color de los girasoles sólo de noche
Tenemos la languidez de las cucarachas saliendo
                              [de las cocinas
el pelaje de las leonas en los muslos

III

Y vemos a las niñas muertas en los claros del bosque
y escuchamos a los niños encantados que miran

[las estrellas

desde los charcos
y esperan un beso gigante
Para siempre están perdidos los caballeros de la

[armadura azul

entre los árboles
Nuestra casa está oculta bajo los manzanos
Y no hay enanos tristes que amen el trabajo
Al amanecer soñamos con las nalgas de los durmientes
Las brujas nos han enseñado los secretos de la muerte
y bajo las camas
los corazones de los guardianes aún laten

IV

A veces tenemos miedo y pensamos en el otoño
pensamos en las calles cubiertas de hojas
y con el pelo suelto caminamos por la ciudad

[lentamente

y miramos los letreros de los hoteles
y los perros tirados al sol con los ojos entrecerrados
los bares llenos de música y espejos
llenos de muchachas que salpican las sillas de colores
y hablan triste o locamente de sus vidas
Los hombres saliendo de las oficinas con sueño
Las tiendas que se cierran y los escaparates

[encendidos

Las mujeres vagabundas con sonrisas de ciegas
Los cines con una oscuridad blanca de muslos
Los viejos en los parques pensando en las alas

[de los insectos

Las adolescentes meciéndose sobre el cuerpo

[de sus amigos

saliendo de los institutos como palomas
Las mujeres escondidas entre los árboles
tristes y hermosas con los labios rojos
Las muchachas cantando en las plazas sin mirar

[al público

con cascabeles en los zapatos
y chaquetas de grandes flores rosas
Los muchachos con ángeles tatuados en las espaldas
y pantalones rojos
Las mujeres acariciándose las manos en las terrazas
                                              [de los bares
Los hombres melancólicos con pañuelos de colores
                                              [en el cuello
Las mujeres que acarician hasta el alma a los niños

V

A veces somos estridentes como grillos
húmedas como riadas que inundan los sótanos
                                    [de las casas
y somos la mujer barbuda y la muchacha de pie
sobre el caballo que corre
la trapecista muerta a las tres de la madrugada
Nuestro cuerpo es fuerte como el de la fiel Penélope
siempre despierta
pero de noche dormimos abrazadas a las cinturas
de los muchachos que amamos
y no tenemos miedo cuando ellos se han ido para
                                    [siempre
De par en par abrimos las ventanas
limpiamos las huellas de sus dedos en los vasos
y tomamos el último café como ellos se lo habrían
                                    [tomado
o sacamos a pasear a nuestra perra
como si sacáramos a nuestra alma
o pensamos: «nada es preciso»
o decimos: «Ya no habrá más muertos esta noche»
o les hubiéramos amado toda la vida
Ningún tren pasa delante de tu ventana
para que confundas el resplandor del disparo

con el rostro dormido de la muchacha
Sólo los niños mueren cuando cae la tarde
y quedan absortos mirando el cielo
como perros lánguidos

VI

Pero a partir de ahora tendremos nombres tristes
y al llorar emitiremos un sonido como mugido de vaca

VII

Hoy les pesa el corazón a las muchachas
como si entre los brazos transportaran ballenas
o cargaran manzanas en los hombros
Hoy han adquirido una seriedad que ha confundido
[a las gentes
Anoche los ojos minerales y las risas detrás
[de la puerta

Y no han sonreído ante el rostro marino
ni le han invitado a subir a sus casas
Sólo Whitman en los autobuses las ha tranquilizado
Sólo el calor y el mes de marzo
y el pensamiento obsceno de que pronto los cristales
se poblarán de moscas brillantes

BESADORA DE ÁNGELES

Como una pantera triste muere mi amiga
merodeando las iglesias
Con la estridencia de las campanas y las flores
                                    [amarillas llora
Yo la amo como si fuera una mujer gigante
y su cuerpo deviene gárgola y estatua de virgen
Ella tartamudea frente al asombro de su sexo
como si fuera todas las mujeres tartamudas
                                    [del mundo
Somos las amotinadoras, las siempre tristes dice
las encantadoras de serpientes
Amo tus alucinaciones, tus delirios
tus talones de ave
Más habladora que los grillos cuando huye de noche
trepadora de palmeras
amamantadora de niños con leche de manzanas
Ninguna mano oculta tu pubis mineral
Como coneja albina fértil
anunciadora de vírgenes
En la oscuridad de los portales besadora de ángeles
lúbrica como la primera noche del mundo
Ballena tragadora de santos
a la playa lanzas peces de mil ojos

CÓMO NO SER INMORTALES, INAPRENSIBLES

Está mi casa llena de amantes y de mitos
de diosas melancólicas y para siempre tristes
de mujeres enamoradas con ceñidores en las cinturas
Está mi casa llena de magas, de tragadoras de fuego
de mujeres que duermen con muchachos latinos
y pétalos de dientes de león en los párpados
Sus varias lenguas me confunden
me dejan sin habla
y no hay torre de babel y no hay castigo posible
para las ensoñadoras, para las balbucientes
Su presencia de gatas me humedece

Sus alas negras a veces me producen pánico
y me enseñan a morir después de las comidas
después de masticar animales de siglos
Santas y sátiras las miro hasta saciarme
Está mi casa llena de grifos y de ritos
de animales perdidos, de leyendas
Cómo podríamos decirnos de otra manera, sino
                                        [innombrables
cómo habitar otros lugares
cómo no ser inmortales, inaprensibles,

trasnochadoras y pálidas
cómo no multiformes y andróginas
No hay maldición posible dicen
y miran sus muslos y sus vientres lisos
en los espejos estratégicamente colocados
como para una batalla

EL LUGAR DEL DESEO

Yo soy una de las primeras mujeres
En los primeros tiempos y en las noches azules
he comido del cuerpo de los de mi especie
ahora practico mi propia dieta y busco mi alimento
Yo he inventado el nombre de las nueces y vasijas
Soy una de las primeras en ser hermosa y sola
En el fondo de la cueva practico la magia
Tal vez los peces o la luna me fecundan
sé que pronto sabré de la suavidad de mis órganos
De mí nacerán todos los hijos e hijas
éstos me traicionarán después de haberme deseado
Sé que transcurrirá un largo tiempo en que seré
                              [el sueño de los hombres
pero antes habré disputado mi derecho con los dioses
Después seré derrotada y triste
Seré la sirena en la imaginación de los navegantes
Para vengarme, de mi cabeza saldrán todas
                              [las maldades
y quien mire mis ojos quedará inmóvil
Seré causadora de noches infinitas
provocadora de mareas
Seré Circe la encantadora de hombres

Calipso la que debe dejar partir a su amado
Seré Penélope la que siempre ama
Seré la primera mujer que escriba un poema
y sentiré el gozo de crear con las palabras
Tras de mí vendrán mujeres de un solo pecho
que amarán la guerra y vivirán en la selva
y engendrarán hijos en primavera
Alguien dirá que ha sido un mito
Vendrán mujeres rubias, también guerreras
que sólo desearán una muerte hermosa
En la larga noche elaboraré mi destino
jugaré con mi palabra y confundiré al hombre
Alguno me amará hasta la muerte
Seré también perversa
me entrelazaré con otras mujeres en el lecho
y cometeré incesto con mis hijos e hijas
Seré mi propio sueño, mi espejo

LAS TOCADORAS DE FLAUTAS

Bajo por la avenida, vuelo
te imagino en casa con tu mano escribidora, rubísimo,
diciendo poemas de sátiros, sortilegios
y casi rozo tus nalgas de marino o atleta
Para ti invento adivinanzas imposibles
que entretengan tu tristeza de minotauro eterno
Habitante de casas adornadas con esculturas tristes
Mirador de cinturas
Invaden tus muros las tocadoras de flautas
las muchachas ebrias portadoras de violetas
anchísimas, ausentes,
las encantadoras
las que se narran en un cuento que durará mil y una
                                        [noches
y en la última noche dejarán de soñarte
las que te arrebatarán la fuerza mordiendo tu cabello
mientras duermes
Así serás bajo sus caderas australopitecus que
                                        [agoniza
caballo barroco
En sus muslos reposas, en sus mitologías, en sus crines
en sus vientres planos

En tu grupa me monto y me deslizo
en tus metáforas me subo
Amo tus arquitrabes, tus signos
tu nombre propio entre mis piernas

NUESTRA CASA ES EL LUGAR
DEL PECADO Y LA INFANCIA

En la noche te confundo y me fundo contigo
En el sueño me instalo, en la escritura
en el lugar de lo imposible y de la muerte
Porque se contradice tu pubis
y paradojean tus labios
tu vientre crea neologismos
En el abrazo me excedo, me repito
en el beso me cambio, me hago otra
y como la poesía el amor me mata y me descubre
Refranean tus nalgas
lúcidos tus pezones husmean mi cintura
mis labios dicen mil obscenidades
Somos por un instante lo prohibido
el sueño del malvado
Esta noche es el perfil de pez de tu alma
Nuestra casa es el lugar del pecado y la infancia
tus piernas las del animal que sostiene el palacio
y como en un banquete
ebrios improvisamos nuestro discurso sobre el amor
y repetimos las palabras de la sabia Diotima:
el amor es un demonio

medio humanos, medio divinos somos
buscadoras de la mitad de nuestro cuerpo
instalados en el hechizo y la tragedia

A ELLA CUYA ORINA ES UNA PARTITURA

A los muslos húmedos y anchos de una mujer
que he conocido siempre
Con la conciencia de un dragón medieval
ante su casa y su lengua
A ella que no duerme y tiene escarcha en las pestañas
Allí donde su ojo es un apóstrofe
ante una vocal amorosa
Su cadera una carcajada, una imprudencia
A ella que en la fiesta hubiera devorado
los huesos dorados de su amante
y hubiera comenzado nuevamente la historia
                                    [con un gesto
se le ha concedido la exclamación y la onomatopeya
para iniciar el mundo
los labios fresadores, la torpeza y el símbolo
A ella que no muere
cuya orina es una partitura, un clavicordio
Sentada en el jardín oculta sus senos
El jardín se mueve durante toda la noche
y Dios no cambia de idea
Alguien mordió la manzana
alguien ha desobedecido para ser sabia

Su nombre se hace en este instante definitivo
La lengua sinuosa se instala en su corazón
y se siente fecundada
Nadie sueña

PUPILA DILATANTE

Ha desaparecido de madrugada como una luna
la que era el ojo granate de una lagartija
la pupila dilatante
una reina loca en el tablero
Ha desaparecido como una ciruela en la boca de una
                                                [bruja
para ser invisible
Conocedora del calor pero no de los pezones
existe sólo en este poema y en el mes de julio
Por entre los cristales ha desaparecido
mi hija albina
yo miraba su vuelo de trapecista perfecta
y sus mil nombres han quedado colgando de mi boca

LA SOÑADORA DEL ESPEJO

Soy Alicia, la soñadora del espejo
El reverendo Dodgson me escribió
para asombro de mí misma
Soñando me ha llevado a un país
de tiempos reversibles
Más allá del espejo
el mundo está ordenado a la manera
de un tablero de ajedrez
Soy peón blanco
Mis cinco movimientos son precisos y asombrosos
El tren inevitable y la cuarta casilla
Estoy sola en el bosque
donde no existen los nombres de las cosas
Siento miedo de ser sólo un sueño
del rey rojo
Dormida bordeo la pesadilla
de quien escribe este cuento
Soy la paradoja del sueño dentro del sueño
y del espejo
Sola frente al combate inexplicable
de dos hermanos gemelos
El cuervo gigante avanza

y hace anochecer el bosque
Aparece la blanca reina de memoria imposible
que recuerda lo que aún no ha sucedido
y se transforma en una oveja blanca
y en la quinta casilla
La tienda de objetos inalcanzables
a modo de deseos
siempre en un estante más arriba
Siempre los lirios olorosos más allá de mi mano
Siempre lo que deseo se transforma en otra cosa
Un personaje oval e insoportable
el lugar de los significados infinitos
y las palabras inventadas
Estoy en la sexta casilla y en la ambivalencia de un
                                            [lenguaje
que me excede y me confunde
De pronto la batalla del león y el unicornio
entre los que yo soy un monstruo fabuloso
una niña que habla
En la séptima casilla y el tiempo detenido
el té a las cinco de la tarde
y el pastel indivisible
Un torneo de caballeros, mi salvador el blanco
un triste hacedor de cosas inservibles
Un último movimiento y soy reina

Estoy en la octava casilla y en el caos que no abarco
Soy la imposibilidad de una adivinanza
porque ya despierto
o es el rey rojo quien despierta

EL OJO AZUL HA INSINUADO LA ESFERA

Ha provocado el deseo un viaje por mar
en naves de madera
Ha provocado una mirada de ojos de bisonte
ha hecho del amor una batalla
y el ojo azul ha insinuado la esfera
y el mentón opaco
el cuerpo adornado
la cabeza adornada por crines de caballo
y muchos ojos
Durante muchos días el mar ha lamido las naves
y en las naves silenciosas los guerreros han soñado
La noche da inmovilidad a la batalla
que ocurre en un instante
En el redondel de la playa los héroes se sienten
el ojo retrocede
el cuerpo indeciso espera
Las piernas son rápidas
cinco dedos sostienen una lanza
que mira un corazón, un centro
una cintura perfecta
La mirada se divide y expone a ser encontrada
ha articulado un sonido amoroso

una afonía
La espada regresa roja
Mis labios han marcado tu rostro
colérico y hermoso
envuelto en un antifaz dorado

UNA MUJER DE MIL BRAZOS

Ha entrado nuevamente el amor en mi casa
Ha sido despertado el gigante que soñaba
Su único lacrimal se ha dilatado
Ha entrado el amor desafiando la doble cabeza
El amoroso huésped le seduce y él duda
si amar por una noche lo terrible
y besar la boca multiforme del mago
Siente miedo el gigante de que la noche sea eterna
pero el cuerpo cambiante exige ser mirado
y al tocarlo él se maravilla
Le aman entonces esta noche un animal de pelo negro
un centauro
una mujer de mil brazos le ama y le devora
Nuevamente una perífrasis ha envuelto su lengua
y no ha podido decir la belleza del visitante
llegado por la tarde
él llora con su único ojo
y su palabra se convierte en un versario

NOCHE DE LAGARTOS

Quién me soñó
mientras se movía como una barca
y la luna le pesaba entre los ojos
Quién me soñó hace veinticuatro años
Quién me soñó hace tanto tiempo que ya no me
[recuerda

Recorrió la mano el paisaje del círculo
el labio reconoció el labio
y una mano sostuvo la redondez del impulso
y una mano sostuvo el pezón renaciente
Se divirtió el dedo sintiéndose gusano
y advirtió el mago la presencia
del pubis granate
Advirtió la huida del conejo
en el sombrero de copas
Una lengua de ebonita se rozó con sus dientes
Unos belfos dando saltos
pidieron ser besados
Ella no estuvo sola esa noche
con los heliotropos y las arañas
y olió a glúteos en el lugar de los pañuelos de colores

y los aros
Un sonido de orina encantó la casa
Entonces permaneció la cabeza vertical
sobre la arquitectura del gato
y la gata erizada ofreció su monte
El triángulo semejaba una zarza de moras
y con un salto de gacela el vientre
se lanzó hacia el otro vientre
El líquido fue sorbido por la boca
Era el espejo el único testigo
La lengua no fue roja en recuerdo de los niños
el día era propicio
para los que soñaban con ser hijos
y el pecho se movió sobre el pecho
y era blanda la carne que atrapaba el muslo
y atrapaba la boca

Un estanque fue a formarse entre las sábanas
para los patos
Ensalivaste con tu baba el pelo rojizo
Un pez volador abanicó tu valva
y una niña se metió en tu ojo de arca a la deriva

Quién circundó esa noche tu sexo de estrellas
De quién el dedo oscuro remando tu vagina regada

Bajo tu lengua su cráneo reblandecía
Un mamífero daba vueltas mamando tu ubre
De quién ese caparazón masticado en tu boca
De quién esa cabeza de pájaro reposando
en el órgano oculto

Se divirtió el dedo
Se divirtió la lengua sintiéndose
cabello de medusa
Había un olor a azafrán en tu cuello
mordisqueado por los patos
y esa noche no dormías
y era poco probable que esa noche murieras
En la playa relucía el vientre de las focas
Algún adolescente integraba su grito
en un concierto contemporáneo
El garfio del capitán apuntaba el horizonte
Era una isla para vivir bellamente entre ladrones
y tú besabas los belfos
las alas de los zánganos
mientras el capitán recordaba un verso
Su boca era fantástica
La princesa Bramiconda bramaba un sueño
y el gigante Brocabruno sonreía entre los caballos

Alcanzaba la mano rápida el deseo de las abejas
De su boca pendía un trozo de manzana
y en la playa la calma invadía a los gatos
En casa esperaban los bichos amados
sonriendo como dragones

Y de repente la vida era una magia precisa
que hacía sucederse los días y las noches
que hacía sucederse el amor y el desamor
en un acto elegante y rápido del mago
de capirucho de estrellas
La palabra exacta traía la quietud nuevamente
o el desgarramiento mordía
tu blando corazón de murciélago

Atrás queda mi madre meciéndose en la barca
ahora inventa la pluma y me fascina
y sin embargo algo para siempre hemos perdido
no el vértigo ni el miedo
Atrás queda mi madre meciéndose en la barca
y Teseo no regresa enamorado deslizándose
                                        [en el hilo.

Pero enloquece la mano pensando en la otra mano
No morirá mi amigo, el de la boca rápida

boca mordedora, boca dulce
No morirá mi amigo entre mis ojos
allí donde a mi madre le pesaba la luna

Quién canta esta noche en el fondo de las sábanas
Quién da un lengüetazo a mi puerta
Quién ama mi alma y mi cintura

Qué alcahueta delirante ha pensado esta noche
Amor, nuestra boca es más dulce que la de una reina
Amor, las niñas verdes de clorofila revolotean
                                        [la cerveza
Amor, amo tu hocico de oso hormiguero
Amor, tu lengua es un manjar para mi lengua
Garganta para ser granadina
Para el goce, sólo para el goce

Un colmillo dorado asciende por tu nuca
Tu rostro, tu cabeza en mi mandíbula cabe esta noche
de lagartos cejijuntos

Que entren las bailarinas desbocadas que en secreto
aman a las grullas
Que entren los ángeles de alas escamosas y ambiguo
                                        [sexo

Que entren los faunos y reposen la boca en la
[almohada
Que entren los cantantes y las tocadoras de oboes
Boca arriba te amo
Sables y sandías para tu boca despilfarradora
Para mi boca de anfibia membrillos y metáforas
y niños con barrigas de luna
Palabras para el misterio y el rito
sólo el ritmo

Que entren los saurios a mirar nuestra cópula
Que se adornen los piratas con su más bello pendiente
Que entre mi madre tocando el olifante
Que entre mi madre escondida en el lomo de los
[caballos
Mi madre entrando al asalto en la noche
Entrando amenazante entonando una gesta
Que entre mi madre y me vea retozando
Mi madre dando saltos
Que entre, que entre

ENTREVISTA CON LA AUTORA
«De las madres se aprende también el goce»

Inma Marcos vive en un barrio de Madrid que fue epicentro de la Movida y hoy está lleno de turistas a la caza de fotos instagrameables. En su calle, solo encuentro una pastelería bio y vegana con donuts de exóticos sabores. Nos vamos a reunir para hablar de *Bramiconda brama un sueño*, un primer poemario ganador en 1983 del Premio Prometeo de Poesía Nueva, que será reeditado en la colección Genialogías como una apuesta por reescribir el canon. Un libro audaz, provocador y lúdico, fraguado en un movimiento periférico a todo lo que estaba ocurriendo en España en aquel momento, el de los infrarrealistas en Barcelona.

Aquellos jóvenes, que venían de México y querían *volarle la tapa de los sesos a la cultura oficial*, eran herederos de los talleres de poesía que recorrían Latinoamérica en los años setenta, donde el uso de la palabra era herramienta y juego. Quizás por ello, el poemario de Inma Marcos, que se podría considerar *underground*, es una potentísima incursión en el mundo desde un lenguaje desbordante y superlativo. Y todo esto, escrito por una joven poeta que no dudaba en mezclar, con voz segura, referentes infantiles con erotismo explícito, imágenes surrealistas con anagramas y onomatopeyas.

El apartamento abuhardillado tiene también algo de esa acumulación bohemia que se espera de una artista. Las paredes bajas están repletas de cuadros, ilustraciones y objetos poéticos, como me explicará más tarde. Me llama la atención un marco del que sobrevuela una letra I, color rojo, tipografía con *serif*. La sombra que proyecta sobre el lienzo, y que cambia según el ángulo desde el que se mire, es una acertada metáfora de la figura de esta mujer pequeña, espigada, cuya fuerza se extiende alrededor de ella.

Inma me ofrece un café y un poco avergonzada le ofrezco el bizcocho, simple y desorbitado de precio, que he elegido por descarte en la pastelería *hipster*.

Bramiconda brama un sueño ganó el Premio Prometeo de Poesía Nueva en 1983 y se publicó un año después. ¿Cómo era tu vida en ese momento?

Yo entonces vivía en Barcelona, llegué allí con dieciocho años, para vivir con mi hermana que acababa de tener un hijo. Y empecé a estudiar: Pedagogía, Filosofía... Al final me fui a Filología, pero no terminé la carrera, estuve tres años. Entonces yo sentía muy vivamente que la poesía no estaba en las universidades ni en las academias.

¿Era tu primer libro?

Sí, el libro está escrito cuando tenía veintitrés años. Tenía poemas anteriores, pero hacer un libro de mis poemas...

este fue el primero. Sí que se publicó anteriormente una antología, *Algunos poetas en Barcelona*, donde aparecían poemas míos y que prologó y seleccionó Carlos Edmundo de Ory.

Estoy pensando que estudiaste siempre carreras relacionadas con el lenguaje.

Sí, ahí se produce un descubrimiento y un encuentro fundamental para mí con la palabra poética. En Barcelona contacté con Bruno Montané y Roberto Bolaño, que estaban recién llegados de México. Gracias a ellos leí a muchos poetas latinoamericanos, algunos de ellos ni siquiera se conocían aquí. Tenían una cultura poética inmensa, estaban vivos, muy vivos. Entonces, como quien dice, me encontré con la otra poesía.

¿Fue una época fundamental?

Sí, porque allí vivíamos escribiendo poesía. La poesía era nuestro medio, nuestra manera de ser libres. Y escribíamos y escribíamos. Y sobre todo leíamos muchísimo. Me regalaron un mundo de poesía, cuando aquí era tan escasa. Piensa que estamos hablando de 1976.

¿Cuál fue el descubrimiento más importante para ti de esos años?

Tal vez el descubrimiento de lo que ya sería siempre para mí la verdadera poesía. El surrealismo fue muy inspirador para mí, por la importancia que daba a los sueños y porque me parece uno de los movimientos más aventureros, valientes y lúdicos que han existido. O sea, es un juego, para mí la poesía entonces era el juego de escribir. Y hacíamos cadáveres exquisitos, hacíamos escritura automática. Yo tengo todavía textos escritos de entonces que son de una libertad increíble.

¿Ellos ya se autodenominaban infrarrealistas?

Sí, el Infrarrealismo lo fundaron en México poetas muy jóvenes que hicieron de la poesía su modo de vida. Eran provocadores y saboteaban la cultura oficial con la irrupción en actos y otro tipo de acciones. Octavio Paz, por ejemplo, era una de sus bestias negras.

¿Y no hacíais sabotajes en Barcelona?

(Ríe) No, no. Lo que hacíamos eran fanzines. Hicimos uno que fue muy importante, se llamó *Rimbaud vuelve a casa*. Pero también en ese tiempo comencé a leer a muchas mujeres poetas, como Emily Dickinson, Gabriela Mistral, Alfonsina Storni, Alejandra Pizarnik, Sylvia Plath... Todas eran nuevas para mí. También recuerdo a Peri Rossi, que ya vivía en Barcelona. Leía mucha y buena poesía.

Ese contacto con lo latinoamericano es algo que en ese momento se daba especialmente en Barcelona, yo creo.

Sí, el ambiente era más rico que aquí en Madrid, creo, más cosmopolita. O por lo menos yo en Madrid no había encontrado los lugares ni el espacio que me provocara una especie de epifanía, un nacimiento a algo nuevo, como me ocurrió en Barcelona. Y entonces, empecé a escribir de otra manera, desde otra sensibilidad. La verdad es que tuve una suerte inmensa de poder irme con mi hermana porque eso posibilitó que pudiera vivir con Bruno, que era mi novio de entonces. A los diecinueve años, en ese tiempo, irte a vivir con un chico era algo excepcional y desde luego tuve que hacerlo a escondidas de mi familia.

Algo muy interesante en este poemario es que está repleto de mujeres. Mejor dicho, de muchachas.

De muchachas y de mujeres. Yo escribía desde los diecinueve años. Para mí la ciudad estaba llena de muchachos y muchachas hermosos, vivos, a los que les ocurrían cosas muy importantes, como a mí. En aquella época en Barcelona me encontré también con el feminismo.

Era un momento en el que todo estaba en tránsito, en lo personal y en lo social...

En esos años el feminismo era incipiente y para mí absolutamente nuevo. Había dos corrientes, una era el partido feminista, que era de tendencia marxista; y el otro era el colectivo feminista, que era más de tipo anarquista, más variado, con más diversidad de sensibilidades. En ese encuentro empecé a tomar conciencia de que yo era una mujer. Mejor dicho, de que era una muchacha, pero iba a ser una mujer. Recuerdo en una manifestación que hicimos, yo me hice un cartelito que decía «Por nuestra propia aventura de los sentidos». Se reivindicaba lo propio, lo femenino, lo personal. Para mí era bellamente revolucionario.

Y eso se refleja en el libro.

Es que mi mundo se llenó de mujeres fantásticas. Recuerdo algunas a las que admiraba verdaderamente por su estilo de vida, algunas más mayores que yo, y esa libertad de vida me entusiasmaba. Y, claro, el libro está lleno de estas mujeres, además de muchachas. Releyéndolo encontré que hay amazonas, hay leonas, hay Circe, hay Calipso, Diotima, Penélope, Alicia…

Eva, Blancanieves… ¡no falta ninguna!

(Ríe) Ese escribir mío era un recuperar también todas las referencias femeninas. Hay hasta mujeres prehistóricas. Ya te digo, para mí el feminismo fue muy revelador y marcaría ya en mí una manera de vivir y de pensar. Tomé conciencia de ser una mujer y libre. Eso ha durado toda la vida, claro que sí.

Como sabes, uno de los objetivos de nuestra asociación es la recuperación de las voces poéticas femeninas, ya que consideramos clave conocer a nuestras predeceso-

ras y escuchar lo que ya dijeron para no comenzar de nuevo cada vez.

Es que es un fallo muy grande para la cultura la invisibilidad, el olvido, al que han sido sometidas las mujeres, en todos los órdenes de la vida: desde la ciencia a las artes. Esto desde luego es efecto del patriarcado. Creo que hemos avanzado bastante con el feminismo y me parece que como movimiento emancipador es el que tiene más proyección y más futuro. Así entiendo yo que debe ser el feminismo.

¿Qué mujeres poetas te han marcado?

Muchas: Julia Uceda, María Victoria Atienza. También latinoamericanas. Eunice Odio me parece magnífica. Carmen Ollé. Pero mi ídola es Alejandra Pizarnik, a pesar de esa atracción profunda que tiene por la muerte, por los abismos... Su poesía me entusiasma, tiene un estar en la palabra poética que es pura verdad.

La verdad es un término complicado.

Por supuesto, porque cada uno tiene la suya. Pero también hay verdades que son comunes. Y quizás por ello en la poesía siempre encuentro alivio y esperanza. Aunque yo nunca he escrito mucho, porque tengo cuatro libros en mi vida...

¿Escribes poco o pasa mucho tiempo entre escritura y

escritura? Quiero decir, ¿eres de escritura o de maduración lenta?

Soy de escritura lenta, porque no escribo todos los días. Pero también es verdad que tengo muchas cosas escritas que no han visto la luz, ni sinceramente creo que tengan que verla. Cualquier cosa no me vale. Pero siempre necesito estar, tener una relación con la palabra diferente al mero comunicar. Siempre necesito que las palabras abran, vayan más allá, estén vivas.

Esa función comunicativa del lenguaje que nos decían se queda corta en la escritura de poesía.

Sí. La poesía es el lenguaje más humano que hay. Remite a la subjetividad, pero también al mundo. O sea, en psicoanálisis hay una expresión, *extimidad*, que se refiere a lo interior y a lo exterior a la vez, un adentro y un afuera que están en el mismo lugar. Y yo creo que la poesía es una de las cosas más éxtimas que hay porque tú escribes desde dentro, tú escribes con el cuerpo, pero tiene que poder leerse desde fuera. Y tiene que llegar y ser reescrito en el cuerpo del otro, producir un efecto en quien lo lee. Hay un goce en la lectura muy grande.

¿Es importante el psicoanálisis en tu vida?

Es muy importante. Y como el psicoanálisis es una experiencia en la lengua, pues me ha ido también muy bien para escribir y para pensar la escritura. Pero también te digo que mi escritura yo creo que viene del amor. Yo sin el amor no puedo escribir, el amor como movimiento. De hecho, mi primera inmersión en la poesía vino con el amor. Cuando me encontré con los poetas infrarrealistas en Barcelona, una ciudad que para mí era muy hermosa. Todo estaba atravesado por el amor, el amor a la vida.

El amor como motor creativo. Pero también hay un amor muy corpóreo, muy erótico en este *Bramiconda brama un sueño*. Te confieso que leí el poema *Noche de lagartos* en el transporte público y en un momento me invadió el pudor de que alguien más pudiera estar leyéndolo por encima de mi hombro (ríe).

Lo mismo me pasa a mí cuando lo releo, hay una gran desnudez en esos poemas y un aparecer del cuerpo que buscaba palabras para decirse. Imagínate lo que pensaría mi madre al leerlo, pero el haber sido premiado lo relativizaba.

¡Es que también aparece tu madre en el poema!

Claro, es que en el poema *Noche de lagartos* imagino a mi madre concibiéndome, o sea, lo que le debía pasar a ella. (Busca el poema) A ver... Sí, sí, sí. (Recita) «Quién me soñó / mientras se movía como una barca / y la luna le pasaba entre los ojos»... Es estar en el sueño, en el sueño de ella. Es una cópula poética donde mi madre y yo somos las protagonistas.

Pero tú tampoco te lo estás pasando mal en el poema...

[Ríe] De las madres se aprende también el goce. Ella me dijo que yo era una mujer.

Además de ese reconocimiento del goce de las mujeres, el libro también es un viaje de la infancia a la adultez. ¿Lo pensaste así desde el principio?

No, no había ninguna intención. Era lo que a mí me acontecía y quería expresarlo poéticamente.

La madre atraviesa muchos poemas. ¿Cuál su papel en tu poética?

Es un papel fundamental. Pero también el de mi padre. Mi libro de *La nieve* se inicia con un recuerdo de que yo estaba enferma cuando llegamos a León y tuve que estar en la cama como dos meses. Un día llegó mi padre a casa, me sacó de la cama, me llevó a la ventana y me dijo que estaba nevando. Yo nunca había visto la nieve. Por eso digo que mi padre me presentó la página en blanco y mi madre me dio las palabras.

¿Os fuisteis muy pronto a vivir a León, no?

Cuando tenía siete años. Yo nací en Cádiz, en el sur, en Puente Mayorga, en una casita a quince metros de la playa. Cuando tenía dos años nos fuimos a vivir a Ceuta. El recuerdo más grande que tengo de esta primera infancia es el de la luz, la luz del mar, de ese Atlántico, que es una luz blanca, cegadora. Y luego, como mi padre era leonés, nos fuimos a vivir a León.

Son todas zonas en las que hay mucha oralidad, a lo mejor no había muchos libros, pero se cantaba y se recitaba en las casas.

Se hablaba mucho, por lo menos en mi familia, lo que es lo natural del lenguaje, el hablar. Pero es verdad que en casa se recitaban poemas. Mi hermano Manolo, el mayor, que también escribe poesía, me recitaba a Rubén Darío. Y mi madre me hizo aprender de memoria algún que otro poema, recuerdo uno en donde una niña se hartaba de desayunar y luego al darle de comer a sus palomitas un poco de grano, le parecía que comían muchísimo. Algo moral había ahí. [Ríe]

¿Y cuál es tu relación ahora con este primer libro?

La verdad es que este poemario tiene cuarenta años y prácticamente no lo había vuelto a leer. No suelo releer mis libros anteriores. Quizás por eso no tenía conciencia de que a alguien le pudiera parecer muy interesante. Así que esta reedición es para mí un regalo. Pero también es una sensación ambivalente porque, por un lado, es un reconocimiento, pero, por otro lado, cuando se publicó, se presentó y no hubo más. Y esto me ha supuesto un ir hacia atrás, cuatro décadas, que se dice pronto, y este viraje no está exento de un cierto temor, ¿sabes? Porque es mucho volver.

Me llamó la atención una nota de Antonio Gamoneda sobre el poemario que has mencionado antes, *La nieve*, de 2018, en la que afirmaba que tu poesía «es de una difícil sencillez, de un lirismo transparente y conciso». Comparándolo con el prólogo de la primera edición de *Bramiconda brama un sueño*, donde se clasifica tu poesía de «desenfreno y desmesura», ¿cuál de estas definiciones es cierta?

Ciertas son las dos. Cierto es el recorrido, es mi experiencia de la lengua. Más que de lenguaje, me gusta hablar de lengua, de habla. Porque el lenguaje es un común, sometido a reglas y convenios. Sin embargo, el habla es la experiencia que cada uno hace del lenguaje, lo convierte en su propia lengua, lo interioriza a su manera y en su ser. Yo creo que la poesía es un efecto del lenguaje.

Por eso hoy voy hacia la sencillez, en el sentido de querer resignificar las palabras, queriendo alcanzar la cosa que nombran. Si te das cuenta, en este libro hay mucho adjetivo. Sin embargo, ahora uso muy pocos adjetivos porque creo que la palabra se basta a sí misma, no necesita apoyaturas, otras palabras que la digan o la expliquen. Si digo sombra, piensa cuánta sombra hay ahí.

Le das mucha importancia a las palabras, incluso en

los títulos. Porque, Inma, ¿cuántas veces te han preguntado de dónde viene el nombre de Bramiconda?

[Ríe] Yo creía que lo había sacado del *Quijote*. A mí *El Quijote* me gustó muchísimo, me divertí una barbaridad leyéndolo. Entonces yo no sé por qué, cuando me dieron el premio, uno de los del jurado me preguntó que de dónde había sacado el nombre de Bramiconda. Y yo les dije que de *El Quijote*. Y me respondieron que no había nadie llamada así en *El Quijote*, así que me lo inventé.

Entonces no sabemos de dónde viene...

Es que me gusta lo del bramar. Bramiconda viene de bramar. Que es una manera muy exagerada de decir, de gritar, de expresar en libertad. Es muy cierto este título, porque algo brama en el libro.

Sí, hay palabras que me gustan especialmente, «bramar» entre ellas. El empeñarse en algo, en un sueño, tal vez. Me empeño en ello. A mí me resulta muy poética porque hay mucha intención, mucho querer, ¿no? Empeñarse. Emperrarse. [Las pronuncia despacio, marcando muy bien los sonidos.]

¿Y cuál sería la palabra que más le gusta hoy a Inma Marcos?

La palabra en la que quiero estar y me siento más es en el gracias. María Zambrano decía que era la palabra más hermosa y yo la verdad es que lo creo. El dar las gracias. Dar gracias por muchísimas cosas. También a las personas que hacen posible esta reedición. Y por la poesía, lo primero.

Laura García de Lucas, Inma Marcos,
Madrid, mayo de 2024

Índice

La autora, en las fechas
de la primera edición del libro.

La presente edición de *Bramiconda brama un sueño*,
de Inma Marcos, se terminó de imprimir
el día 25 de octubre, aniversario del fallecimiento
de la poeta argentina Alfonsina Storni.
Esta edición consta de trescientos (300) ejemplares
numerados, de los que el presente hace el número

048

TIGRES DE PAPEL